بِسْمِ اللّٰهِ الرّحْمٰنِ الرّحِيْمِ

Au nom d'Allah
Le Tout Miséricordieux
Le Très Miséricordieux

DE L'OBSCURITÉ À LA LUMIÈRE

A. HELWA

TRADUIT PAR:
BASMA NEHNOUH

Naulit
PUBLISHING HOUSE

Sommaire

Note de l'auteure

Ce livre est un tendre rappel que l'amour divin est l'aube qui transforme toute obscurité en lumière. Ces poèmes sont un doux coup de pouce, vous rappelant que les magnifiques rayons de l'amour de Dieu peuvent percer tous les voiles et les illusions. Ces mots sont un rappel affectueux que les jours où vous ressentez la douce présence de la grâce divine, et durant les nuits où vous vous sentez désespéré et déconnecté – Dieu est avec vous. Dieu ne vous quitte pas, même lorsque vous rencontrez des difficultés avec votre foi. Dieu vous aime même lorsque vous avez du mal à vous aimer. Dieu vous voit, même lorsque vous n'arrivez pas à Le voir. Laissez ce livre vous servir de rappel que Dieu est avec vous lorsque vous avez le cœur brisé et que vous éprouvez un profond désir de vous sentir entier à nouveau, Il est avec vous lorsque vous portez difficilement le poids du chagrin et lorsque l'anxiété ébranle votre foi. Ces poèmes sont là pour enlacer votre cœur, à la fois quand vous commencez à croire en la perfection du plan que Dieu a pour vous, et lorsque vous êtes perdu dans les vallées de votre foi à la recherche de la voie dans vos jours les plus sombres.

Ce livre est un rappel que vous pouvez être triste et avoir la foi, que vous pouvez vous sentir brisé et reconnaissant, que vous pouvez ramper vers Dieu et rester gracieux. Il est un rappel que Dieu s'attend à ce que nous commettions des erreurs, et que Sa Miséricorde fait de la place pour chaque cœur qui Le recherche avec sincérité. Il est un rappel que vous ne vous définissez pas par vos pires erreurs, votre passé ou la personne que vous étiez. Venez à Dieu tel que vous êtes, avec vos cicatrices, les parties brisées de votre être, avec votre cœur en souffrance, car seul Celui qui vous a créé peut vous sauver. Après tout, être croyant ne signifie pas que vous avez une vie parfaite, cela signifie que peu importe ce à quoi vous faites face, vous savez que vous êtes toujours entouré par l'amour d'un Dieu parfait.

Une petite remarque à garder à l'esprit à mesure que vous avancez dans ce voyage intime de mots: le langage poétique est différent du langage théologique. Tous ces poèmes ne peuvent pas être pris de manière littérale. J'utilise souvent les métaphores et les comparaisons pour désigner quelque chose qui dépasse les limites du langage. Ma relation avec le Divin continue d'évoluer et ce que j'écris reflète de diverses manières, mon évolution et mes aspirations personnelles sur le chemin spirituel. Certains de ces mots sont imaginés, certains sont inspirés et certains sont des moments réels. Indépendamment de la manière dont ces mots sont présentés, une chose est certaine, Dieu est unique et rien ne Lui ressemble, et pourtant, malgré Sa transcendance, Il est plus proche de nous que le souffle de vie qui nous habite.

نور الرحمة

**LA LUMIÈRE DE LA
MISÉRICORDE**

DE L'OBSCURITÉ À LA LUMIÈRE

Regardez les délicats pétales de la rose,
regardez la magie des abeilles,
regardez la vibrante terre,
ses montagnes, et ses arbres.

Regardez les galaxies,
la lumière dansante des étoiles.
Regardez la mer bleue profonde
et l'entrelacement des rivières qui se séparent.

Regardez l'orbite parfaite
de chaque soleil et chaque lune.
Regardez, et voyez la beauté
de chaque signe divin
et chaque subtile vérité.

Et dites-moi comment vous pouvez penser
que Dieu puisse prendre soin de tout
dans cet Univers, et ne pas prendre soin de vous ?

Allah sait.

Allah sait ce que vous ressentez. Il connaît les peines secrètes que vous portez. Il connaît les déceptions et les regrets qui pèsent sur votre esprit. Il connaît l'ampleur de votre chagrin. Il vous voit essayer de faire de votre mieux. Il voit votre désir profond d'être proche de Lui. Il voit votre bonté et les endroits où vous n'êtes pas à la hauteur. Il voit les fils de foi et de doutes entremêlés, qui enlacent votre âme. Il vous voit aux prises avec la tentation. Il vous voit lutter contre vos désirs. Il entend vos cris. Il entend votre silence. Il entend votre appel à l'aide et répond à chacune de vos prières. Il est avec vous à chacun de vos pas, même si vos yeux, vos oreilles et votre esprit ne peuvent saisir Sa présence, Il est avec vous. Allah vous voit, et Sa présence n'est jamais lointaine, Sa miséricorde vous embrasse, exactement tel que vous êtes.

DE L'OBSCURITÉ À LA LUMIÈRE

Le paradis serait vide sans la Miséricorde de Dieu.

Dieu voit chacune des larmes qui coulent de vos yeux. Même si vous pleurez dans l'obscurité de la nuit, même si vous plongez sous les vagues de la mer où vos larmes salées sont imperceptibles pour les yeux humains, Dieu vous voit. Dieu étreint votre peine. Dieu sait ce que vous portez derrière les murs de votre sourire. Dieu n'est pas surpris par votre chagrin, vos doutes et la dépression qui s'entrecroisent comme des mauvaises herbes dans le jardin de votre espoir.

Dieu vous a choisi pour Lui-même, donc Dieu est là pour vous aider. Dieu sait comment vous sauver de vous-même. Dieu a insufflé en vous le mystère de la vie afin que, où que vous soyez, vous n'oubliiez jamais qu'Il est avec vous, à chaque souffle.

Même si vous ne pouvez pas voir Dieu, Il ne vous a jamais quitté. Dieu voit chaque déchirement, chaque blessure, chaque cicatrice que vous pensez là pour toujours. Dieu vous voit de l'intérieur, d'au-dessus des cieux et à travers vos propres yeux.

Aucune de vos actions ne peut diminuer Sa miséricorde envers vous. Son amour vous recouvre comme le ciel et brille sur vous comme le soleil. Les portes de Son royaume n'ont pas de verrous, alors venez ! Pêcheur, douteur, vous qui êtes tombé bien trop de fois, venez, venez !

L'amour d'Allah pardonne.
L'amour d'Allah c'est donner.

N'attendez pas de la création,
ce que seul le Créateur est capable de vous donner.

Dans les nuits les plus sombres, Tu es avec moi.
Dans les eaux les plus profondes, Tu es avec moi.
Dans les saisons les plus difficiles, Tu es avec moi.
Dans mes jours de doutes, Tu es avec moi.
Dans mes pires déchirements, Tu es avec moi.
Dans le plus fort de ma dépression, Tu es avec moi.
Dans mon anxiété craintive, Tu es avec moi.
Tu es avec moi dans chaque moment de chaque jour. Tu es avec
moi dans la maladie et dans la santé, dans la vie et dans la mort.
Dans chaque succès et chaque échec, Tu es avec moi. Même
lorsque je ne suis pas avec Toi, Tu es toujours avec moi.

La tempête passera.
Les cieux ensoleillés passeront.
La facilité passera.
La difficulté passera.
Le bonheur passera.
Le tristesse passera.
Rien ne durera toujours, sauf Sa grâce.
out s'éteint, sauf Sa Face.

Allah est Le seul à pouvoir utiliser ce qui vous a blessé pour vous guérir.

Je prie avec le vent ce soir. Je prie que la brise sauvage vous permette de voir qu'à travers la volonté de Dieu, des forces invisibles peuvent vous mener exactement là où vous êtes destiné à être. Alors que vous regardez les feuilles danser au rythme d'une musique qui ne peut être entendue, je prie que vous commenciez à entendre la parole de Dieu sans avoir besoin de mots ni de lignes. Pour le Divin, vous êtes spécial. Je le vois dans votre douleur, dans la façon dont vous êtes brisé - ouvert.

Les ouragans d'épreuves auxquels vous faites face, les océans de tristesse qui tombent des nuages de vos yeux sont la façon dont Dieu clarifie votre vision et vous fait vous tourner vers Lui. Lorsque vous n'avez personne d'autre que Dieu vers qui vous tourner, c'est un cadeau. Lorsque vous vous détacherez de tout à l'exception de Dieu, c'est là que vous verrez qui vous êtes. Vous n'êtes pas ce corps, cette identité, ce personnage qui masque un esprit qui est bien au-delà des images et des pigments.

Vous êtes l'énergie sous le déguisement d'une forme dense. Vous êtes un parfum d'éternité dans la finitude. Vous êtes bien plus que ce que votre esprit peut concevoir dans son temps limité. Les mots perdent leur signification lorsque la dualité s'effondre. Qui parle lorsque le temps ne s'écoule plus ? Qui écoute vos paroles lorsqu'Il est le seul à exister ? Si les mots n'ont plus d'espace où voyager, que devient alors le langage ? Je murmure car Dieu est proche. Je ne parle plus car Dieu est là. Je ne me suis jamais sentie aussi vivante que lorsque je me dissous dans la présence de Celui qui m'a donné vie. Je vis ma vie à la poursuite de la mort de tout attachement. Disparaître dans la présence de Dieu, c'est être vivant pour toujours. Je prie pour que vous vous rappeliez que vous et Dieu êtes toujours ensemble.

Ne vous fiez pas à vos yeux pour vous rappeler la lumière. Toute vie commence dans l'obscurité, dans les matrices, les sols, les cocons. Peu importe ce à quoi vous faites face, les fardeaux que vous portez et les monstres créés par vos peurs, sachez que vous êtes étreint dans la lumière aimante de Sa miséricorde et de Sa grâce. Sachez simplement que tout se déroule parfaitement selon le plan de Dieu.

Dieu ne vous a pas mené si loin pour vous abandonner maintenant. Le Dieu qui vous a mené à ce moment est Celui qui vous guidera à travers ce moment.

Faites-Lui confiance.

Dieu a de plus grands projets pour vous.

Vous n'êtes pas seul. Même si vous avez l'impression d'être une île entourée d'un horizon infini de vagues, vous n'êtes pas seul. Même lorsqu'il vous semble que la nuit a englouti toute la lumière que vous portiez en vous et que la lune s'est détournée du soleil et que le monde n'a plus de lumière à vous offrir, vous n'êtes pas seul.

Même dans les ruines de votre passé qui ont creusé des canyons de cicatrices sur votre peau, vous n'êtes pas seul. Quand le monde vous a brisé le cœur, vous n'êtes pas seul. Quand personne ne semble vous comprendre ni vous voir, vous n'êtes pas seul. Dieu est avec vous, où que vous soyez, vous n'êtes jamais seul.

Cessez de courir. Cessez de fuir le Dieu qui vous entoure de Son amour. Comme un poisson qui essaierait de nager pour s'éloigner de l'eau, où que vous fuyiez, vous ne ferez que Le rencontrer. Peu importe où vous allez, Dieu est là. Son amour vous étreint même dans la colère, la rage et la haine. Son amour pour vous est plus grand que vos erreurs. Il est plus grand que vos peurs. Vous pouvez fuir, mais Il dit "Je suis proche" . Même les jours où vous dites que vous ne croyez pas, Il ne vous quitte jamais. Vous pouvez fuir, mais Il ne vous quitte jamais.

Son amour ne connaît aucune frontière, aucun voile, aucune discrimination sur la base de la couleur ou du pays. Allah est plus grand que votre religion, vos pensées et toutes vos idées limitantes sur Dieu. Allah aime l'esprit de votre âme plus que ce que l'infini peut contenir. Allah est l'essence même de tout ce que vous atteignez et de tout ce que vous recherchez. Allah est l'origine et la destination de toute paix.

Je danse dans le silence de la miséricorde sans fin et son infinité m'étreint avec douceur. Je flotte sur les rivières de la destinée, me précipitant doucement vers l'océan de l'éternité. L'éternité m'attend dans un futur qui est déjà ici et maintenant.

Je suis un bourgeon. Je suis une graine qui se fend. Je fleuris. Je suis une vague qui s'élève. Je suis un volcan qui bouillonne. Je suis le commencement. Je suis le toujours nouveau. Je suis la goutte de rosée qui disparaît, avalée par le rayonnement du soleil. Je suis les larmes du nuage, qui embrassées par la lumière, deviennent arc-en-ciel. Je suis l'entre-deux. Je suis le rêve entre l'éveil et le sommeil. Je suis l'âme invisible.

Je suis la mélodie du paradoxe. Je suis un néant devant Dieu. Je suis ce néant. Comme le vide semble doux quand on est un sol fertile attendant la graine de l'inspiration divine.

DE L'OBSCURITÉ À LA LUMIÈRE

Mon âme est à son plus haut lorsque j'ai conscience que Ta miséricorde embrasse toute chose. Mon Seigneur, permets-moi de vivre mon plein potentiel en m'abandonnant pleinement. Seigneur, aide-moi à honorer Tes bienfaits, sans m'attacher à ce qui m'est donné.

Mon Seigneur, ouvre mon cœur et permets-moi d'être généreuse et de partager les bénédictions que Tu m'a accordées. Permets-moi d'aimer cette vie, mais de T'aimer plus. Permets-moi de me rappeler que je suis une vague et que cette vie n'est qu'un rivage. Il viendra un temps où je serai ramenée vers l'océan de l'unité où je devrai rendre l'âme que Tu as autrefois insufflée en moi.

Rappelez-vous : Dieu ne vit pas en vous, mais vous êtes vivant grâce à la vie qu'Il vous donne.

DE L'OBSCURITÉ À LA LUMIÈRE

Quoi qu'Allah retire,
Il le remplace par une chose
meilleure pour votre âme.

Nous avons tous des moments
où nous nous détournons de la vérité,
ne jugez pas une personne sous prétexte qu'elle pêche
dans une couleur différente de la vôtre.

—il est humain de faire des erreurs

DE L'OBSCURITÉ À LA LUMIÈRE

Allah vous étreint à chaque instant.

Il ne vous quittera jamais. Il est plus près de vous que la vie dans vos veines et plus proche que les inspirations qui, comme des vagues, vont et viennent des rivages de vos lèvres. Quand tout le monde s'en va, quand les rêves se brisent, quand chaque espoir vole en éclat, Il est toujours là. Son amour ne vous brisera jamais le cœur. Son amitié n'expirera jamais. Il aura toujours votre meilleur intérêt à la pointe du stylo de Ses Décrets. Il n'écrit que ce qui est d'une beauté éternelle pour vous et votre cheminement.

Lorsqu'Allah vous aime, Il ne vous brise que pour vous guérir.

Il ne vous retire une chose que pour vous donner ce qui est meilleur pour votre âme. Il ne ferme un chapitre que pour en écrire un nouveau. Votre histoire se compose de plus de pages que la page actuelle. Votre histoire regorge de plus de personnages, plus de victoires et plus de trésors qu'il vous faudra trouver. Sachez que chacune de vos pages passées vous a mené à ce moment, à ces mots car Allah vous a destiné à les lire et à vous souvenir qu'Il est là pour vous. Il a envoyé des lettres d'amour par l'intermédiaire de Ses prophètes, paix et bénédictions sur eux, afin de vous servir de guide pour retrouver le chemin vers la maison, vers l'océan infini d'amour auquel retournent toutes les rivières terrestres de compassion et de bonté. Accrochez-vous à la corde d'Allah car les racines de Son amour vous maintiendront fermement ancré à travers les tempêtes de cette vie. Accrochez-vous à Allah car personne ne vous aimera plus que Celui qui a insufflé une âme de lumière en vous, vous donnant vie.

Savez-vous qui vous êtes ? Vous êtes un reflet du paradis sur Terre. Savez-vous qui vous êtes ? Vous êtes le représentant élu d'un Dieu exalté.

Dieu parle toujours,
mais souvent nos oreilles ne sont pas à l'écoute de Sa fréquence.

Vous n'êtes pas défini par vos pires péchés.
Le passé doit nous permettre de tirer des leçons,
nous ne sommes pas destinés à y vivre.

Quand il s'agit de la miséricorde d'Allah,
aucun péché n'est trop grand pour être pardonné.
Quand il s'agit de la générosité d'Allah,
aucune action n'est trop petite pour être récompensée.

DE L'OBSCURITÉ À LA LUMIÈRE

Tu es Celui qui est avec moi dans toutes les tempêtes que j'ai affrontées. Tu es Celui qui est avec moi dans la tornade de mes pensées qui m'emmêlent dans les toiles de peur, d'anxiété et d'attentes. Tu es mon arche lorsque mon esprit est un ouragan qui noie mon cœur dans un flot de mensonges et d'illusions.

Tu es avec moi dans les nuits les plus sombres de mon âme. Quand le monde est brisé et que je me sens seule, Tu es avec moi, parfait et entier. Quand ceux que j'aimais ne sont plus, quand ceux que j'aimais m'ont quittée, quand ceux que j'aimais ont brisé mon cœur, Ton amour m'entoure comme de l'oxygène. Tu es avec moi à chaque pas. Tu es avec moi à chaque respiration. Tu ne me quittes jamais. Même lorsque je ne croyais pas en Toi, Tu es resté avec moi. Il n'y a pas de moment vide de Ton amour.

Il n'y a aucun lieu vide de Ta présence. Tu es le Roi qui règne sur l'Univers et Tu es le Seigneur de chaque électron qui danse dans mes cellules. Tu m'as sauvée de moi-même plus d'un milliard de fois. Tu es Celui qu'on ne remerciera jamais assez. Tu es l'Origine de l'amour.

Tu es les mains invisibles qui maintiennent les oiseaux dans les airs, Celui qui appelle le soleil et la lune à nager en orbite dans le ciel. Tu es l'architecte du jour et de la nuit. Tu es le Créateur de lumière. Tu donnes de l'espoir à ceux qui ont peur et aux désespérés. Tu es Le Plus Aimant, Le Plus Miséricordieux, Le Plus Grand. Tu es Allah et rien dans ce monde ne te ressemble, et pourtant, tout l'existant pointe vers Ta Présence, qui est au-delà du temps et de l'espace.

Les mots ne peuvent capturer Ta grâce. Les mots ne peuvent Te donner forme. Tu es Allah, Celui qui brise les esprits et rend les cœurs entiers. Tu es Allah, Celui qui a soufflé le don de la vie dans mon âme.

—*bouleversant à jamais*

Allah est Le seul que vous devez satisfaire.

—*le chemin vers la paix*

DE L'OBSCURITÉ À LA LUMIÈRE

Lorsque Dieu nous donne plus que ce que nous pensons pouvoir supporter
Il nous appelle à nous en remettre à Lui d'une manière plus profonde.

—*la miséricorde cachée de la douleur*

Quand Dieu vous guérit, ne retournez pas vers la personne qui vous a blessé. Quand Dieu vous libère, ne retournez pas dans les prisons qui vous ont asservi. Quand Dieu vous éveille avec Sa lumière, ne retournez pas dans les ténèbres qui vous tenaient endormi. Quand Dieu vous parle, ne vous remettez pas à l'écoute de votre ego. Quand Dieu vous accueille, ne retournez pas là où votre esprit ne s'est jamais senti à sa place. Quand Dieu vous pardonne, ne retournez pas aux mêmes péchés. Quand Dieu dit que vous êtes inestimable, ne recommencez pas à penser que vous n'avez pas assez de valeur.

Rappelez-vous : Dieu vous voit. Il vous entend. Il vous aime plus que les univers infinis d'innombrables étoiles filantes. Lorsque le monde entier vous dicte ce que vous devriez être, rappelez-vous, Dieu vous accueille exactement tel que vous êtes.

DE L'OBSCURITÉ À LA LUMIÈRE

Lorsque vous soignez les blessures en vous,
cela modifie la façon dont vous voyez le monde autour de
vous.

Nous ne jugeons chez les autres
que ce que nous ne reconnaissons pas chez nous-mêmes

—il faut un miroir pour voir son reflet

Les cicatrices que je porte ne sont pas des défauts, elles
sont comme des signatures de Dieu,
me rappelant que je suis plus forte
que les choses qui ont menacé
de me détruire.

Parfois Dieu doit détruire vos plans pour
vous rediriger vers votre véritable objectif.

نور الايمان

LA LUMIÈRE DE LA FOI

DE L'OBSCURITÉ À LA LUMIÈRE

Vous avez peut-être prié pour une étoile,
mais Allah vous avait peut-être destiné des univers.

Vous avez peut-être aspiré au parfum d'une fleur,
mais Allah vous avait peut-être destiné des jardins éternels.

Vous avez peut-être désiré la plus petite goutte,
mais Allah vous avait peut-être destiné des océans infinis.

Quoi que vous vouliez,
sachez qu'Allah veut mieux pour vous.

Comme le soleil se lève dans un nouveau jour,
Seigneur, transforme les ténèbres
de mon âme par l'aube
de Ton amour,

Réveille le soleil de la foi en moi
et éclaire mon âme de la lumière
de Ta présence.

DE L'OBSCURITÉ À LA LUMIÈRE

Mon Seigneur, purifie mon âme, jusqu'à ce que je sois les yeux par lesquels Tu vois, les mains par lesquelles Tu étreins, la langue par laquelle Tu parles, les pieds par lesquels Tu guides, les oreilles par lesquelles Tu entends. Mon Seigneur, rends moi vide de moi-même, et fais de moi un miroir pour Toi.

Mon Seigneur, fais de moi un refuge pour mes sœurs et mes frères, utilise-moi pour répondre aux prières de mes prochains. Fais de moi un abri pour ceux qui n'ont pas de foyer et un compagnon pour ceux qui sont isolés et seuls.

Mon Seigneur, utilise-moi comme Tu le souhaites, comme une étreinte d'amour et comme une main qui donne. Oh Seigneur, fais de moi la poussière sur le chemin que Tu as pavé, fais de moi un miroir de Ta grâce aimante.

—*amine*

Je suis fatiguée de ces hivers qui ne semblent pas finir,
Je veux forcer ce germe de foi à grandir en accéléré pour
devenir
quelque chose dont je suis fière aujourd'hui.

—*impatience*

DE L'OBSCURITÉ À LA LUMIÈRE

Si vous continuez à déterrer les graines que vous avez semées, rien de ce que vous avez planté ne poussera jamais.

—*tawakkul*

Mon Seigneur,
si cela ne fait pas évoluer mon esprit,
alors ne m'implique pas dans cette chose.

—*focalisé sur le développement*

Mon Seigneur, protège-moi de tout succès qui détournerait mon cœur de Toi. Mon Seigneur, protège-moi de tout échec qui détournerait mon cœur de Toi. Rappelle-moi que si je conquiers le monde, mais que je Te perds, je n'ai que des illusions en ma possession. Mais si je perds le monde et je gagne la vision de Toi, j'aurais perdu ce qui est périssable en échange de Toi , qui est perpétuel et éternel.

Rappelle-moi que mes préférences ne déterminent pas ce qui est bien ou mal pour mon âme. Rappelle-moi que lorsque mon cœur se tourne vers Toi, que ce soit au travers d'une épreuve ou d'une bénédiction, cela est toujours un bien. Et rappelle-moi que lorsque mon cœur se détourne de Toi, que ce soit au travers d'une épreuve ou d'une bénédiction, cela est toujours un mal.

Mon Seigneur, rappelle-moi que ce qui est avec Toi est toujours un bien, et que ce qui me rend oublieux de Toi est toujours un mal. Mon Seigneur, maintiens mon cœur dans Ton observation. Mon Seigneur, garde mes yeux alignés sur Toi. Mon Seigneur, de la matrice à la tombe, maintiens toujours mon esprit dans le souvenir de Tes noms.

La patience ne consiste pas à attendre jusqu'à ce que toutes vos prières se réalisent, elle consiste à s'abandonner à ce que Dieu a écrit pour vous.

Je me place sur mon tapis de prière et l'ensemble du monde qui m'entoure commence à s'effondrer. Je me tiens sur les eaux du possible alors que la douce mer de l'existence coule en dessous de moi. Le temps et l'espace n'ont pas de prise, c'est le royaume de l'âme.

Ce souffle que je respire provient d'une odeur sainte que le langage ne peut transformer en parfum et vendre. Le mystère de la vie est une perle secrète, cachée dans une coquille invisible. Rien ne peut capturer un Seigneur qui transcende tout, pourtant Allah est ici en cet instant avec moi.

Vous dites que la prière est le moyen de parler à Allah, mais je dis que la prière c'est lorsque notre ego disparaît et que seule la parole d'Allah est entendue. Allah parle constamment mais ce n'est qu'occasionnellement que nous entendons Ses mots. Allah fait constamment pleuvoir Son amour sur nous, mais nous n'enlevons les couvercles de nos tasses qu'occasionnellement. Allah nous pardonne constamment, mais nous ne choisissons de nous pardonner nous-mêmes qu'occasionnellement. Allah est toujours proche, mais nous ne demandons Son aide qu'occasionnellement.

Nous nous détournons d'Allah à cause de nos propres peurs, puis nous nous plaignons de la disparition d'Allah. Nous bouchons nos oreilles et fermons nos yeux, puis nous prétendons que l'amour d'Allah est conditionnel car nous sommes aveugles dans la nuit. Le soleil ne meurt pas lorsque la Terre tourne le dos à sa lumière.

Allah ne cesse pas de vous aimer parce que vous avez cessé de recevoir Son amour en vous. Allah ne cesse pas d'exister parce que vous avez cessé de croire en Lui.

Allah a déjà parfaitement résolu chaque petite chose qui vous préoccupe tant.

Je prie pour que vous trouviez des recoins de silence dans votre journée chargée pour laisser entrer la lumière, pour sentir la brise et regarder vers les étoiles, cachées sous les rayons du soleil. Je prie pour que vous preniez le temps de contempler le ciel bleu, de plonger dans les mers de cristal, de respirer les arbres émeraude, et d'embaumer vos sens du parfum des roses et du jasmin.

Je prie pour que vous vous rappeliez que la beauté de tout ce que vous voyez est un reflet de la majesté de Dieu. Vous êtes vivant grâce à un Dieu qui continue à insuffler le souffle de la vie en vous. La parole de Dieu a projeté la vie sur la toile du néant par la lumière de Son amour. Dieu nous aime dans le langage des couleurs, dans la beauté des formes, dans les signes divins et dans tout ce qui est caché entre les lignes. Dieu nous aime à travers tout ce que nous voyons. Dieu nous aime à travers tout ce que nous ne pouvons voir.

Partout où nous nous tournons, de l'est à l'ouest, la face de Dieu est tout ce que nous voyons, même lorsque nous ne parvenons pas à reconnaître le caractère sacré sous le déguisement. Si vous êtes aveuglé par le littéralisme, vous appellerez cela un blasphème. Si vous êtes ivre d'orgueil et que vous dites " il n'y a qu'une seule voie qui soit juste et il se trouve que c'est la mienne " alors vous serez aveuglé par votre idée du Divin.

Dieu est plus grand que vos yeux et plus grand que votre "Je". Il est plus grand que votre esprit. Dieu englobe chaque instant, nous ne sommes jamais seuls. Dieu est avec nous où que nous soyons, nous sommes déjà chez nous. Le paradis se trouve là où Dieu et vous êtes ensemble. Le paradis est là, le paradis est ici, le paradis est partout où vous choisissez la foi plutôt que la peur.

Lorsque mon chagrin entortille ma langue et que mes sentiments sont trop lourds pour être posés sur le dos des mots, c'est là que je pleure. Ces larmes que je cache sont un langage que seul Dieu parle. Alors je me tiens debout sur ma foi fracturée, et je viens avec mes montagnes d'erreurs parce que je n'ai nulle part d'autre où aller.

Qui pourrait me guérir si ce n'est Celui qui a formé mon âme à partir de la tendresse de Son amour ?

Comme un nuage brisé qui pleut sur la terre, ma douleur déborde de mes yeux sur la Terre sur laquelle je me prosterne devant le Seul qui sait exactement ce que je ressens. Lorsque je n'ai pas les mots, mais que j'ai besoin d'être entendue, je tombe dans l'amour d'Allah. Il est toujours là pour moi. Comme le ciel qui recouvre tout. Il est là.

Sa miséricorde ne connaît pas de fin car Il est l'Ami qui ne partira jamais, Celui dont le nom seul apporte à mon cœur la paix qu'il recherche désespérément.

Les vieilles clés que nous avons n'ouvriront peut-être pas les nouvelles portes que nous rencontrons, mais les prières que nous avons dites des milliers de fois peuvent dissoudre les murs sur notre chemin.

—*l'arme du croyant*

Cher Allah,
Merci d'avoir cru en moi
même lorsque je ne croyais pas en Toi.

A chaque instant, nous sommes éperdument dépendants de Dieu. Pas seulement lorsque nous avons besoin qu'Il nous accorde une chose, pas seulement lorsque nous prions, pas seulement lorsque nous sommes reconnaissants.

Chacun de nos souffles est une décision prise par Dieu. Nous sommes en vie parce que Dieu choisit intentionnellement que nous soyons là. Le Dieu de l'existence, des sphères célestes, de l'Univers en expansion et des saisons changeantes nous a choisi et continue de nous choisir.

Comment un Dieu si grand peut mettre autant de soin et de miséricorde dans une si petite création ? Comment pouvons-nous, nous qui sommes issus du néant, être aimés si tendrement ? Comment pouvons-nous être si oublieux de Dieu alors que nous avons besoin de Lui pour tout ? Comment peut-Il se souvenir de nous avec amour alors qu'Il n'a besoin de rien venant de nous ?

Lorsque le monde vous brise le cœur,
priez pour la guérison d'Allah.

Lorsque l'anxiété vous submerge,
priez pour la grâce d'Allah.

Lorsque les ténèbres vous enveloppent,
priez pour la lumière d'Allah.

Lorsque la solitude vous entoure,
priez pour la présence d'Allah

Lorsque les pensées négatives emplissent votre esprit,
priez pour la protection d'Allah.

Lorsque vous ne parvenez pas à vous détacher du passé,
priez pour la miséricorde d'Allah.

Lorsque vous vous sentez anxieux à propos du futur,
priez pour la paix d'Allah.

Peu importe ce que vous affrontez,
priez pour la miséricorde d'Allah et Sa grâce aimante.

DE L'OBSCURITÉ À LA LUMIÈRE

Lorsque vous vous prosternez devant Allah,
vous pouvez vous tenir debout devant n'importe qui.

Il y a une différence infinie entre savoir que
Dieu vous surveille et savoir que Dieu *veille* sur vous.

Vous pouvez murmurer Dieu dans vos chapelets à l'infini et porter des robes parfumées de foi, mais l'amour ne s'éveille pas uniquement par les mots. L'amour ne peut être capturé par la religion. L'amour n'est pas quelque chose que l'homme peut interpréter. L'amour est trop grandiose pour tenir sur un chemin de pavés et d'intentions. L'amour transcende l'emprise de l'intellect. Il est au-delà de là où le visible et l'invisible s'entrecoupent, et pourtant il se tisse à travers chaque molécule que nous respirons. Tout parle d'amour, mais l'amour ne peut être contenu dans des lettres et il se soucie peu de la poésie. Mettez les mots les plus beaux dans le meilleur des ordres, vous ne pourrez écrire l'amour. L'amour est au-delà du langage, mais s'abandonner avec amour est le seul chemin vers Dieu.

L'adoration par l'amour mène à la liberté et la paix. Aimer, c'est se détacher de l'ego et se dissoudre dans le Divin. La dévotion sans la mort du moi inférieur ne signifie rien, car dans la dualité et la séparation, l'amour ne peut être fait. L'amour est là où il n'y a pas de vous ni de moi, là où il n'y a ni espace ni temps. L'amour vit là où tout se heurte. L'amour vit là où nous échappons aux limitations des étiquettes et des signes.

Nous sommes amoureux même lorsque nous sommes en quête d'amour. Nous nous noyons dans l'amour même lorsque nous avons soif d'amour. L'amour est toujours proche, car l'amour est la raison pour laquelle nous sommes ici. L'amour est le silence qui tient le sens dans ses paumes. L'amour est le parfum de la rose, et pourtant l'amour est la rose, la terre, le soleil et tout ce qui se trouve entre eux. L'amour est éveillé même lorsque nous rêvons. L'amour vit là où la vie ne peut l'atteindre. L'amour marche là où les chemins ne sont pas pavés. L'amour marche là où la lame de la mort ne peut embrasser les pieds de l'amour.

L'amour peut saigner, mais l'amour ne part pas. L'amour peut pleurer, mais l'amour ne s'afflige pas car l'amour ne connaît pas la distance et l'amour ne connaît pas la séparation. L'amour ne peut connaître que l'amour, comprendre l'amour c'est devenir l'amour, alors aimez de tout votre cœur jusqu'à n'être qu'amour.

DE L'OBSCURITÉ À LA LUMIÈRE

Les ténèbres m'ont enlacée de leurs mains, resserrant lentement leur emprise, tentant d'éteindre l'aube qui vit en moi, jusqu'à ce qu'aucune lumière n'existe plus.

Mais les ténèbres ne savaient pas que ma lumière ne m'appartenait pas. Tout comme la lune est un miroir qui reflète le soleil, je reflète un Dieu éternel, dont la lumière parfume toutes les âmes.

Les ténèbres vont et viennent, mais mon Dieu ne me quittera jamais, car Il est plus proche de moi que chaque souffle de vie que je respire.

Le plus beau dans le fait de parler à votre Seigneur, c'est de savoir qu'Il entend votre silence même lorsque vous ne pouvez pas mettre de mots sur vos sentiments.

DE L'OBSCURITÉ À LA LUMIÈRE

Mon Seigneur,
j'ai désespérément besoin
de chaque once de bien
que Tu m'accordes.

Lorsque vous changez l'affirmation, de
"Il faut que je prie" à "J'ai la chance de pouvoir prier",
votre relation à votre foi
commencera à se transformer.

Où que vous soyiez et quoi que vous ressentiez, sachez qu'Allah est avec vous. Vous n'avez pas à attendre d'être parfait ou d'avoir une foi sans faille pour Le rechercher. Parlez-Lui avec votre voix emplie de chagrin, de douleur et de cassures. Pour le meilleur ou pour le pire, faites appel à l'Origine et la Source d'amour dans cet Univers. Venez avec vos imperfections, votre confiance brisée, vos doutes et même votre incrédulité. Après tout, où trouverez-vous refuge si ce n'est auprès du Très Miséricordieux ?

Allah est là,

Lorsque vous fermez les yeux et que le monde disparaît, Il est là. Lorsque tout le monde vous quitte, Il est là. Lorsque vous appelez Son nom, Il est proche. Ne vous affligez pas, n'ayez pas peur.

Appelez-Le par Ses noms, Il est là.

DE L'OBSCURITÉ À LA LUMIÈRE

Lorsque l'anxiété rendait ma respiration difficile, lorsque les voix dans ma tête prenaient le dessus. Lorsque mes regrets me tiraient vers le passé, lorsque les souvenirs douloureux s'éveillaient dans mon esprit. Quand tout faisait mal, quand tout semblait brisé et que rien ne fonctionnait. Lorsque ma foi semblait être une bougie face à une tornade, lorsque le diable continuait à enchaîner les victoires. Lorsque l'obscurité enveloppait mon cœur et me rendait aveugle, lorsque je ne pouvais trouver la paix que je recherchais. Lorsque je n'avais plus rien à donner et que je commençais à perdre le goût de vivre. Lorsque je ne me sentais pas digne d'appeler Ton nom, lorsque je me noyais dans un océan de honte, comme le soleil sous la pluie, c'est là que Tu es venu.

Tu es arrivé dans ma vie et tout a changé. Ton amour est plus grand que les tempêtes auxquelles je fais face. Tu ne m'avais jamais quittée, mais mes yeux étaient fermés. Maintenant, je ressens une rivière d'espoir à chaque souffle. Ton amour se déplace en moi, mais Tu n'es pas contenu par moi. Je suis un écho qui suit les mots de Ton plan. Cet Univers ne peut Te refléter comme peut le faire le miroir de nos cœurs.

Nous sommes choisis pour représenter Ton amour sur Terre. Ce souffle qui me donne la vie vient de Toi, pourtant les formes ne peuvent capturer Ta Vérité. Seuls les aveugles diraient que Tu es bien trop infini pour être intime, Ta lumière a percé le sol de ma peau et atteint, au plus profond de moi, les graines de paix que Tu as plantées. La paix vient de Toi, elle doit être accordée. Seigneur, accorde-la. Permets-nous de ne pas oublier que Ta lumière ne se couche jamais.

Seigneur, aide-moi à me défaire de tout ce qui, dans ma vie, ne m'aide pas à grandir. Seigneur, aide-moi à voir que peu importe ce que je veux, Tu es le Seul dont j'ai besoin. Seigneur, aide-moi à retirer toute idole qui m'empêche de témoigner de Ton Visage. En Tes noms infinis, je prie, je prie, je prie !

Dans mes meilleurs jours, Allah donne-moi de la gratitude. Dans mes pires jours, Allah donne-moi de la patience. Lorsque Tu m'accordes tes bienfaits, Allah rends-moi généreuse. Lorsque je suis lésée, Allah permets-moi de pardonner. Lorsque je suis en difficulté, Allah fais-moi persévérer. Lorsque je suis anxieuse, Allah accorde-moi la paix. Lorsque j'ai le cœur brisé, Allah guéris-moi. Lorsque je pèche, Allah pardonne-moi. Lorsque je suis perdue Allah guide-moi. Lorsque je suis dans l'obscurité, Allah donne-moi la lumière. Lorsque je vois les autres pécher, Allah garde-moi des yeux du jugement. Peu importe ce que j'affronte, Allah fais-en une opportunité pour tourner mon cœur vers Tes noms.

Nos pensées ont le pouvoir de créer. Nous voyons la création à travers l'objectif de nos interprétations. L'existence est un miroir, donc lorsque nous changeons la façon dont nous pensons le monde, notre expérience du monde change aussi.

Nous ne voyons pas le monde tel qu'il est, mais plutôt comme nous le traduisons et l'interprétons.

Soyez conscients de vos pensées car elles sont des vibrations qui se transforment en ondes. Vos pensées sont des prières que vous faites, consciemment ou inconsciemment.

L'invocation peut changer la destinée.
La prière peut transformer la personne que vous vous pensiez destiné à être.

Je suis tombée à genoux, désemparée avec un besoin cruel d'une réponse d'Allah. J'ai prié : " Mon Seigneur, J'ai connu Ton nom avant même de pouvoir épeler le mien. Je T'ai donné des décennies de ma vie à la recherche de Ta Vérité. Où étais-Tu Seigneur ? Pourquoi ne parles-Tu pas ? Pourquoi ne me reconnais-Tu pas ? "

Le silence m'enveloppait alors par derrière, étreignant mon âme et mon esprit. Je suis tombée dans un état de rêve en dehors de l'emprise du sommeil. Mon esprit s'est élevé dans un espace entre les royaumes où je ne pouvais plus parler.

Dans le silence, j'ai entendu une voix angélique me dire d'au-delà du voile : " Allah t'a aimée avant même que tu aies un nom, un corps ou toute forme. Tu L'a peut-être aimé tout au long de ta vie, mais Allah T'a aimée avant le temps lui-même. "

Nous apportons notre vide à Dieu, Il répond avec Sa plénitude. Dieu achète notre insuffisance, notre pauvreté et tout notre néant au prix de Son tout infini.

DE L'OBSCURITÉ À LA LUMIÈRE

Je prie pour qu'Allah vous montre comment sortir grandi des épreuves qu'Il vous a destiné à traverser.

Qui seriez-vous si vous laissiez la foi vous guider plutôt que la peur ?

Cher Allah,

J'ai désespérément besoin de Ton aide. S'il te plaît ne me laisse pas seule, même le temps d'un clin d'œil car mes yeux sont aveugles sans Toi à mes côtés. Dans l'obscurité, je ne peux pas voir, c'est Ta lumière qui me donne la vue. Seigneur, j'ai commis des erreurs dans mes paroles et mes actions, mais Tu es la cause de tout bien qui se produit. Tu prends mes péchés et en fais des graines ; avec Ton pardon, Tu fais de moi un jardin. Seigneur, ne me donne pas en fonction de ce que je vaux. Donne-moi en fonction de Ta générosité, pas de mes actes. Couvre-moi du manteau de Ta miséricorde ! Protège-moi des voix des ténèbres qui me maudissent. Protège-moi de mon propre ego qui tente de me faire du mal. Tu es mon seul refuge, mon seul lieu sûr. Ramène-moi encore et encore sur le droit chemin de Ta grâce intemporelle.

Lorsque ce pour quoi Vous avez prié ne se réalise pas, sachez qu'Allah vous protège. Allah vous apporte ce qui est meilleur pour vous. Nos esprits ne peuvent résoudre les équations divines, mais nous devons avoir confiance en les réponses qu'Allah détient. Ne dépendez pas toujours de l'intellect que vous pouvez appréhender, comptez sur Allah pour assurer vos arrières. Ayez confiance, lorsque le moment sera venu, Allah mettra en lumière ce qui est le mieux pour vous.

DE L'OBSCURITÉ À LA LUMIÈRE

Parler de Dieu est différent de parler à Dieu.

J'ai demandé à Allah de la force, alors Il m'a envoyé des épreuves. J'ai demandé à Allah de l'évolution alors Il m'a envoyé la pluie. J'ai demandé à Allah la liberté, alors Il m'a montré la prison de mon ego. J'ai demandé à Allah la patience, alors Il m'a fait attendre. J'ai demandé à Allah des réponses, alors Il m'a emplie de questions. J'ai demandé à Allah l'amour, alors Il m'a retiré le monde et m'a donné Lui-même.

نور البصيرة

LA LUMIÈRE DE LA
CONNAISSANCE

Tout comme une petite graine enfouie dans la terre, qui est nourrie pour devenir un arbre, par l'amour d'un soleil qu'elle ne peut voir, la lumière de Dieu vous change d'une manière qui ne peut toujours être vue.

Je dis que je n'ai pas le temps pour Toi, alors même que Tu as créé le temps pour moi.

—*perspective*

DE L'OBSCURITÉ À LA LUMIÈRE

L'air dans un bol est-il différent de l'air qui l'entoure ? Le souffle de vie en moi est-il différent du souffle de vie en vous ? Le soleil rend les plantes vertes, les roses rouges et le ciel bleu, mais la lumière qui dévoile toutes les couleurs est unique. Le feu transforme l'eau en vapeur, la glace en liquide, et le bois en cendre, mais la chaleur est unique. Les résultats sont innombrables mais l'Origine est unique.

—*essayer de voir l'unité avec deux yeux*

Combien de temps allez-vous encore porter le fardeau de leurs erreurs ? Pardonnez-leur. Même s'ils ne s'excusent jamais, pardonnez-leur. Ils ne méritent peut-être pas votre pardon, mais vous méritez la paix et la guérison qui découlent du pardon.

DE L'OBSCURITÉ À LA LUMIÈRE

Je suis tellement prise par ce que je possède et ce que l'on me doit que j'oublie que je suis moi-même un prêt.

—*copyright Allah*

Vous portez un soleil en vous qui ne se couche jamais.

—*ruh*

DE L'OBSCURITÉ À LA LUMIÈRE

Vous ne vivez pas au *sein* de l'Univers,
vous *êtes* l'Univers

Ne risquez pas l'éternité pour les plaisirs fugaces de cet instant.

DE L'OBSCURITÉ À LA LUMIÈRE

Ce que vous possédez vous possède-t-il ?

—*attachement*

Je ne sais pas ce que demain me réserve,
mais je sais dans quelles mains se trouve mon futur.

DE L'OBSCURITÉ À LA LUMIÈRE

Si votre cœur a un pouls, votre vie a un but.

—*vous avez été créé intentionnellement*

Le soleil ne disparaît jamais, c'est la Terre qui se détourne.

—*l'obscurité est un voile.*

DE L'OBSCURITÉ À LA LUMIÈRE

Essayer de comprendre Dieu à travers l'esprit est semblable à regarder le soleil avec une lampe torche.

—*des mains finies ne peuvent tenir des réalités infinies*

Allah est plus grand que les tempêtes qui soufflent dans votre direction. Il est plus grand que la dépression, l'anxiété et les chagrins auxquels vous faites face. Allah est plus grand que la douleur. Il est plus grand que vos péchés, vos addictions et votre souffrance silencieuse.

Allah est plus grand que l'abus, que toutes les paroles blessantes qui vous ont été dites. Allah est plus grand que la solitude que vous ressentez et le désespoir qui vous suit.

Allah est plus grand que vos erreurs. Il est plus grand que les perceptions erronées que le monde a de vous. Il est plus grand que vos imperfections, vos promesses non tenues et vos engagements manqués. Allah est plus grand que l'influence, la renommée et la fortune.

Allah est plus grand que ce monde, cette galaxie et tout ce Cosmos. Allah est plus grand que vous et moi, pourtant Il trouve du temps pour nous. Il nous aime quand même. Il nous pardonne quand même. Il est bien trop grand pour que l'existence puisse l'embrasser, pourtant Il choisit quand même d'être plus proche de nous que nos propres veines jugulaires

—*Allah Akbar*

DE L'OBSCURITÉ À LA LUMIÈRE

Parfois je suis trop gênée pour demander de l'aide à Dieu car je ne trouve pas les mots pour exprimer l'univers de sentiments qui tourbillonne en moi. Parfois il n'y a pas de langage pour saisir tout ce qui me manque. Parfois, j'oublie que mon silence est une prière, que mon besoin d'être entendue est toujours un besoin, même si je ne parviens pas à le peindre en mots.

Je me tourne vers Toi Seigneur, avec tous les espaces entre les mots qui donnent du sens au langage. Je prie avec tout mon silence. Je Te donne tous les mots que je n'ai pas. Toi qui a tout créé à partir de rien, créé quelque chose de merveilleux du rien que j'ai à T'offrir.

Notre souffle nous connecte à travers le temps et l'espace. Ce seul souffle qui nous traverse tous fait de nous une famille. Vos respirations voyagent à travers moi et avec moi. Votre souffle devient moi. Mon souffle devient vous. Lorsque nous respirons, nous inspirons des millions de molécules d'air qui ont tourbillonné autrefois à l'intérieur des prophètes. Nos souffles portent le passé et nous relient à ce qui a été. Avec chaque respiration, nous embrassons les êtres chers qui ne sont plus, et chaque créature qui a jamais respiré sur cette planète, du présent au passé. La séparation n'est qu'une illusion. Inspirez profondément et rappelez-vous que vous respirez un air qui a touché la vie de tout ce qui existe.

—*une âme*

DE L'OBSCURITÉ À LA LUMIÈRE

Chacune des personnes que je rencontre
a un message de Dieu pour moi.

—*pigeons voyageurs divins*

Nous ne pouvons pas savoir quelle personne, quel lieu ou quel plan est le meilleur pour notre cœur, mais nous nous fions au fait qu'il y a du bon dans tout ce qu'Allah a écrit pour nous.

Une alternative aux commérages : prier dans le dos des gens.

Les choses que vous jugez et considérez honteuses chez l'autre, sont les blessures non guéries que vous portez en vous.

—-*Je déteste en vous les parts de moi-même que je suis incapable d'aimer.*

DE L'OBSCURITÉ À LA LUMIÈRE

Le miroir ne possède pas ce qu'il reflète.

Gardez à l'esprit que vous laisserez derrière vous tout ce monde.

—*impermanence*

DE L'OBSCURITÉ À LA LUMIÈRE

Lorsque vous mourrez, vous retournerez à Lui.
La mort est votre retour à la maison, pas une fête de départ.

—*une porte vers l'éternité*

Dieu a dit " Sois " et l'existence a fleuri, sans une seule graine.

DE L'OBSCURITÉ À LA LUMIÈRE

La Plume est unique, mais les formes sont multiples.
Le Souffle est unique, mais les mots sont multiples.
La Lumière est unique mais les couleurs sont multiples.
L'âme est unique mais les créatures sont multiples.
Le Divin est unique, mais Ses noms sont multiples.

—la singularité se cache sous le déguisement de la multiplicité.

Tu es partout.

Tu ne peux être contenu dans la création que Tu as choisi de créer, pourtant je vois Ta Face reflétée dans l'Univers que Tu as façonné. Je Te vois des étoiles aux océans, aux brins d'herbe et aux bourdons, des rivières aux montagnes et à leurs sommets, du regard d'un amoureux au rire d'un bébé, de la séparation des mers au veau d'or, des prophètes à travers le temps aux révélations et aux signes divins, du cœur humain à l'esprit humain, de l'invisible à tout ce que les yeux peuvent toucher, de la séparation à l'étreinte de l'amour. Je te vois à travers la perte et le chagrin, la liberté de la paix, du brisé à l'entier, du corps à l'âme, des anges aux démons, du soleil qui se lève au soleil qui se couche, de la lune qui croît à la lune qui décroît, du guidé au perdu, de mes émotions à mes pensées, des palais du passé aux royaumes à venir, tout et chacun est un reflet de l'Unique.

Tout est une manifestation de Ta parole, alors si je suis timide lorsque je parle, si ma voix tremble lorsque je parle des étoiles et des vagues, c'est parce que tout ce que je vois, de l'Est à l'Ouest, est une image de Ta Face. Tout est une cérémonie. Tout est prière. Tout est sacré. Qu'est-ce qui est profane si l'existence ne fait que me ramener à Ton Nom ? Que peut-on m'enlever, que puis-je perdre, alors que tout me ramène à Toi ? Mes ombres pointent vers la lumière. Tu es Le seul qui ne me quitte jamais, même lorsque je ne peux T'attraper des yeux. Tu ne pars jamais. Je Te fuis, seulement pour courir vers Toi. Ton omniprésence est la vérité ultime.

Le voyage se fait de Toi, vers Toi, avec Toi. La séparation n'est qu'une illusion. Tout ce qui serait autre que Toi, n'existe pas. Les yeux littéraux ne peuvent faire sens de ce déguisement divin. Les esprits littéraux ne peuvent voir que sans Ta Face, le miroir de l'existence ne pourrait être. Tu es le donneur et le preneur de vie; tout existe grâce à Ta Lumière.

DE L'OBSCURITÉ À LA LUMIÈRE

Ce monde est un pont que nous sommes censés traverser, pas vénérer.

Les différentes fleurs dans le jardin
parlent avec d'innombrables couleurs du même soleil.

—*des formes infinies pointent vers un seul Nom*

DE L'OBSCURITÉ À LA LUMIÈRE

Tout ce que vous voyez est peint avec lumière.

—*Nour*

Votre beauté vient de Dieu.
Vous êtes une conception divine manifestée
dans l'existence à travers les mains de l'amour.

Votre forme est maintenue par un échafaudage
d'os et enveloppée par une peau douce,
mais votre corps n'est pas votre maison,
seulement le véhicule dans lequel vous avez été envoyé.

—*Vous êtes plus que ce que les yeux peuvent capturer.*

DE L'OBSCURITÉ À LA LUMIÈRE

Nous sommes tous deux humains, alors pourquoi ne pouvez-vous voir que rien de ce que vous dites ou ressentez ne peut m'être totalement étranger ?

—*d'une seule et même âme*

Quoi qu'il arrive dans votre vie,
cela était la meilleure issue possible
pour vous rapprocher d'Allah.
Ayez confiance dans le décret d'Allah.
Le but n'a jamais été de vous faire du mal,
mais de vous libérer.

—*qadr*

DE L'OBSCURITÉ À LA LUMIÈRE

Lorsque le fruit sera mûr, il tombera.

—*ayez confiance dans le timing de Dieu*

L'hiver vient, volant vos fleurs avec la lame du temps, mais au cœur de votre hiver, n'oubliez pas que le printemps est tout proche.

—*espoir*

Je suis nostalgique d'une maison dont je ne me souviens pas.

—*Paradis*

Notre incapacité à voir Dieu est due à nos limitations et non à Son manque de présence.

—*aux yeux d'une chauve-souris, le soleil est sans éclat.*

Il y a un Dieu unique,
mais une infinité de perceptions de Lui.

—nous voyons le Divin à travers des yeux filtrés

Mon cœur ne bat pas, comme une boussole, il tourne de Dieu vers ce monde puis revient à Lui.

—*qalb*

DE L'OBSCURITÉ À LA LUMIÈRE

Parfois, nous sommes tellement aveuglés par une bonne opportunité que nous manquons l'opportunité Divine.

Ne soyez pas blessé lorsqu'on vous appelle seulement quand on a besoin de vous, soyez reconnaissant d'être le soleil que l'on recherche lorsque l'obscurité vient voler la paix.

Soyez le soleil.
Soyez l'étoile polaire.
Soyez un canot de sauvetage.
Pour les personnes brisées et perdues,
soyez une flamme diffusant l'espoir.

نور الهدى

LA LUMIÈRE DE
L'ORIENTATION

Arrêtez-vous et prenez un moment pour respirer.
Inspirez.
Expirez.
Ressentez la puissance de votre souffle.

Souvenez-vous :
vous pouvez respirer en toutes circonstances, sauf dans la mort.

Vous êtes différent de votre père. Votre but dans cette vie est différent du sien. Vous êtes différent de votre mère. Votre but dans cette vie est différent du sien. Nous n'avons pas été créés de terre, de lumière et de souffle sacré seulement pour manifester les rêves non réalisés de nos parents. Nos pères et nos mères ne sont pas Dieu. Ils sont nos parents adoptifs terrestres dont les corps nous ont adoptés.

Nous appartenons à Dieu et le moment venu, nous retournerons à Lui. Nous n'avons pas seulement été créés pour adorer Dieu et refléter ses qualités de beauté et de majesté, mais chacun d'entre nous possède un talent unique qu'il a été envoyé sur Terre pour manifester. Nous devons respecter nos parents et leurs rêves pour nous, mais nous ne sommes pas obligés de suivre leurs plans pour notre vie.

Nous devons briser les idoles parentales, que nous avons inconsciemment créées, car il nous est commandé d'obéir à Dieu seul et à Ses commandements avant tout autre. Nous devons veiller à ne pas prendre nos parents comme idoles devant Dieu.

Nous n'avons pas été envoyés ici pour rendre nos parents fiers,
Nous avons été envoyés ici pour satisfaire Dieu

Lâchez prise de tout ce à quoi vous vous identifiez. Laissez partir votre personnalité et vos réponses apprises basées sur vos expériences passées. Laissez partir votre nom, votre culture et la société qui vous a élevé. Laissez partir votre poste, vos réalisations, votre passé et les espoirs que vous avez pour l'avenir. Lâchez prise sur le fait d'être humain, sur votre corps, sur votre existence entière.

Vous n'êtes pas ce que les gens disent de vous. Vous n'êtes pas ce que vous faites. Vous n'êtes pas la couleur de votre peau ou la religion que vous suivez. Lâchez chaque pigment d'identité, jusqu'à ce que vous soyez une toile blanche aux possibilités infinies. Jusqu'à ce que vous soyez libéré des lourdes parures de l'ego.

Maintenant, regardez. Regardez-vous sans yeux. Regardez la beauté éternelle que vous portez et que l'espace et le temps ne peuvent contenir. Regardez votre âme mystérieuse, divinement inspirée. Regardez au-delà de vos défauts. Regardez comme vous êtes un miroir pour l'amour de Dieu.

Les tremblements de terre doivent se produire avant que des montagnes puissent s'élever. Parfois, les choses doivent voler en éclats et se briser avant de pouvoir être recréées d'une nouvelle manière.

—*les effondrements précèdent les percées*

Ne volez pas l'occasion aux autres de travailler sur eux-mêmes. Parfois, notre désir de protéger ceux que nous aimons, nous fait courir le risque de les empêcher de recevoir les leçons et les enseignements dont ils ont le plus besoin pour grandir.

Le processus de transformation est douloureux. Nous ne pouvons pas endurer cette douleur pour quelqu'un d'autre, pas plus qu'une chenille ne peut endurer la douleur du cocon pour qu'une autre chenille devienne un papillon.

Nous devons veiller à ce que notre compassion et notre amour pour les autres ne finissent pas par les empêcher d'être plantés dans le sol inconfortable, mais fertile, de la croissance.

N'oubliez pas : Allah ne donne à personne un fardeau plus lourd que ce qu'il peut supporter.

Ne soyez pas attaché à vos attentes concernant le futur au point de devenir ingrat face aux bénédictions que Dieu vous a déjà accordées dans le présent.

Ce que vous voyez comme bien et mal est basé sur vos préférences, ce que vous souhaitez avoir, ce dont vous pensez avoir besoin. Le chemin que Dieu pave pour vous n'est pas basé sur votre confort et la facilité, mais sur ce qui vous aidera le plus à grandir sur le chemin vers la paix.

Évitez de trop analyser.
Reconnaissez vos sentiments.
Demandez l'aide d'Allah.

—le chemin vers la guérison

DE L'OBSCURITÉ À LA LUMIÈRE

Plutôt que demander *Pourquoi cela m'est-il arrivé ?*
Demandez à Dieu « *Que veux-Tu que je voie ?* »

Lorsque la difficulté vous trouve, ne perdez pas de temps à demander « *Est-ce un test ou suis-je puni ?* » , la réponse est la même: tournez-vous vers Allah et priez pour Sa miséricorde infinie et Sa grâce éternelle.

Ne continuez pas à trébucher sur ce qui est déjà derrière vous.

—laissez le passé s'en aller

Être inspiré, c'est être un arbre en fleur au printemps.

La frénésie de l'amour inonde mes veines comme les couleurs de lumière qui éclatent pour prendre vie. Cette brise sacrée est un souffle, cette divinité coule comme des rivières à travers la Terre, emportant chaque cœur vers l'océan par la gravité de la dévotion.

Mon stylo est un bateau ici, ce n'est pas le courant. Mon stylo est une voile ici, ce n'est pas le vent. Ce que j'écris est une ombre que la lumière projette. Je ne suis pas la voix, mais l'écho qui rebondit sur les montagnes de l'existence. Lorsque les montagnes sont embrassées par le regard de Dieu, elles deviennent sable. Je m'évanouis dans le sommeil de l'amour où Moïse est mon capitaine, mais nous sommes tous deux livrés au plan de Dieu.

Ici, entre les deux mers de la mort et des rêves, je suis éveillée. Je suis ivre d'amour, donc ce que je chante ne vient pas de mon esprit. Rien n'a de sens ici, mais tout semble juste. Au centre du trou noir de ma pauvreté, je me sens en sécurité car mon indigence me permet de recevoir Sa grâce. Dieu me laisse accéder à une vérité que je ne peux pas comprendre, mais que mon cœur peut goûter. Dieu n'a aucune forme et pourtant, tout chante Sa Face. Chaque lettre est un miroir de Son nom.

Alors, que puis-je dire qui soit dépourvu de Sa grâce, quand chaque mot que je prononce commence d'abord par Sa plume sur Sa page ?

—*maktoub, cela a été écrit*

Les idées que nous nous faisons de Dieu ne sont pas Dieu.

Nos interprétations de la révélation de Dieu ne sont pas la révélation. Nous devons prendre soin de ne pas confondre les ruisseaux et les rivières de nos pensées avec l'océan de Vérité. Le divin n'est pas un papillon qui peut être attrapé à l'aide du filet de l'esprit.

Ce que nous voyons comme des interruptions dans nos vies sont en réalité des interventions du Divin nous appelant vers une connexion plus profonde avec Lui.

Ce qui nous provoque est une porte de retour vers Dieu car ces éléments déclencheurs éclairent nos attachements. C'est en prenant conscience de nos attachements que nous pouvons nous abandonner à Dieu. Après tout, nous ne pouvons pas renoncer à ce dont nous ne reconnaissons pas l'existence. Le monde ne peut pas nous mettre en colère ou nous rendre heureux, mais les forces extérieures peuvent mettre en lumière la colère et la joie qui vivent en nous. La colère n'est pas seulement une émotion, c'est une interprétation d'un moment. La colère peut être le signal d'une profonde tristesse, d'une limite franchie, un signe que nos sentiments sont blessés, ou un symptôme de ne pas être entendu ou vu avec sainteté et compassion. Nos émotions ne sont pas dénuées de sens, elles sont enracinées dans des expériences réelles.

Nous réagissons aux différentes situations de la vie en fonction de nos interprétations et de nos croyances. Si notre réaction à une expérience semble extrême ou exagérée, c'est souvent une indication que nous réagissons à des blessures non guéries de notre passé plutôt qu'à la situation actuelle.

Le cadeau de nos émotions est qu'elles nous orientent vers un attachement ou une croyance que nous avons, à laquelle nous nous sommes accrochés et dont nous devons nous défaire. Nos attachements sont comme des cataractes ; lorsque nous les retirons, la lumière de la vérité pénètre notre vision spirituelle, ce qui nous permet de voir Dieu avec plus de clarté.

—*lâchez prise et laissez Dieu faire*

Le monde peut être une distraction qui détourne d'Allah, ou une porte vers Allah.

—*le choix vous appartient*

Faites attention aux pensées que vous semez
dans le sol fertile de votre esprit.
Vous devenez un cimetière ou un jardin
selon ce que vous y enterrez.

Si un bateau est ancré à un autre bateau, les deux bateaux finiront par se perdre. Pour trouver la stabilité et la sécurité, nous devons nous ancrer à quelque chose qui n'est pas éphémère, qui est stable et fixe. Les bateaux s'ancrent au fond de la mer, à un port, à une montagne ou quelque chose de profondément enraciné. C'est seulement en s'ancrant à Allah que nous ne serons pas affectés par les marées changeantes de ce monde éphémère.

L'obscurité et la lumière ne peuvent coexister. Si vous êtes aimé de tous, alors vous êtes peut-être un hypocrite. Parfois les critiques d'autrui sont les meilleurs éloges. Vous ne pouvez pas défendre les opprimés et être aimé des oppresseurs. N'ayez pas peur de ne pas être aimé par certains, ayez peur d'être aimé de tous.

Comment pourrez-vous vous trouver vous-même
si vous êtes si perdu dans quelqu'un d'autre ?

L'illumination ne se produit pas en un jour, elle se produit quotidiennement. Vous voyez une graine jaillir soudainement de la terre, mais l'arbre de la foi a grandi longtemps avant que vos yeux ne capturent ses fleurs. Pouvez-vous faire confiance au processus de Dieu ? Pouvez-vous avoir confiance que Dieu fait quelque chose dans votre vie, même les jours où vous ne pouvez pas mesurer le changement ?

DE L'OBSCURITÉ À LA LUMIÈRE

Que le savoir acquis
vous mène à la certitude ou à la confusion.
L'expérience de Dieu est la plus brillante dans la vérité
et dans les lieux où notre esprit ne peut se rendre.

Le soleil continuera à briller,
même si le monde entier devient aveugle.

—l'existence de Dieu ne dépend pas de votre croyance en Lui

Pourquoi accordons-nous tant d'importance au fait que Dieu nous parle sous une forme audible ? Dieu n'a pas besoin de langage pour vous parler, ni d'air pour que le son puisse y voyager. Dieu peut faire éclore des pensées, des sentiments, des intuitions et des réalités au plus profond de votre cœur et de votre esprit sans les contraintes du langage. La lumière n'a pas besoin de toucher vos yeux pour que Dieu vous montre la vérité. Votre esprit n'a pas besoin de traduire la lumière en signaux électriques pour voir les visages du Divin. Vos oreilles n'ont pas besoin de transformer les ondes sonores en un langage que l'esprit peut parler pour que vous puissiez entendre la guidée de Dieu. Le Divin peut sauter la ligne de vos sens et parler directement à votre cœur dans un langage au-delà de la forme limitative des mots.

Pourquoi avons-nous besoin d'entendre la voix audible de Dieu pour croire en son existence? Nous n'avons pas besoin que la voix du diable soit audible, mais nous pouvons reconnaître le sentiment de tentation. Lorsque le diable nous parle, nous appelons cela la tentation et lorsque Dieu nous parle, nous appelons cela l'inspiration. L'inspiration signifie simplement être en esprit, en connexion avec quelque chose au-delà de nous-mêmes qui nous appelle à notre essence.

Dieu nous parle. Dieu nous répond. Lorsque nous n'entendons pas Dieu, ce n'est pas Dieu qui s'est tu, c'est souvent nous qui avons cessé d'écouter.

La graine doit se dépouiller de la coquille de ses limitations pour devenir un arbre. Vous devez vous défaire de ce que vous avez été pour devenir la personne que vous étiez destiné à être.

—*laissez les feuilles mortes tomber*

Ne suivez votre cœur *que* lorsqu'il est purifié et aligné sur Dieu. Suivre notre cœur lorsqu'il est asservi au mental, nous fait agir selon nos préférences plutôt que selon les prescriptions de Dieu. Un cœur impur est un cœur attaché à ce monde, et gouverné par les désirs du moi égoïste. Ce n'est pas parce que nous ressentons une certaine chose que cela justifie d'agir en fonction de ce sentiment. Ne laissons pas nos sentiments éphémères dicter notre avenir, laissons plutôt les principes de notre foi déterminer notre avenir.

Ne soyez pas attaché aux façons dont Dieu s'est Lui-même révélé à vous par le passé. La manière dont vous avez vu Dieu hier peut devenir un voile dans votre expérience de Sa présence aujourd'hui. Dieu transcende le temps et échappe aux contraintes de l'espace donc nous ne pouvons l'appréhender avec nos esprits limités. L'infinité ne peut être capturée par un être coincé entre les contraintes du temps. Les signes divins se cachent derrière les lignes subliminales.

La Parole de Dieu inspire l'existence pour qu'elle naisse du néant en un Univers vivant. Dieu est partout et Son amour se reflète dans tout. Le doux contact de Sa lumière ressuscite la terre morte à chaque printemps. Vous ne pouvez pas Le voir, mais c'est grâce à Sa lumière que vous pouvez voir. Il a créé le monde entier en prononçant le mot « Sois » et soudain tout était. En un instant, toute l'existence s'est épanouie à partir de Son amour.

Ne jugez pas les gens lorsqu' ils agissent d'une manière qui n'est pas alignée sur les lois divines d'amour, soyez plutôt reconnaissant qu'Allah ait ouvert votre cœur à Sa conscience et qu'Il vous ait accordé le don d'être guidé. Lorsque vous voyez quelqu'un suivre les lois d'Allah avec plus d'excellence et de sincérité que vous, ne soyez pas envieux. Soyez plutôt reconnaissant que le Divin ait inspiré à votre cœur le désir d'une plus grande connexion avec Lui. Peu importe ce dont vous êtes témoin dans la création, que cela soit un rappel de la miséricorde du Créateur pour vous, plutôt qu'une excuse pour juger autrui.

Certains jours, mon stylo est semblable à une feuille,
soufflée par les vents du Décret
dans des formes indépendamment de ma volonté.
J'écris plus vite que je ne peux penser,
laissant mon ego se noyer et couler
sous les vagues de l'inspiration
qui s'écoulent dans l'encre.
Comme un public qui attend ce qui va suivre,
je regarde avec étonnement comment ce souffle
me pousse à écrire une suite de mots
que mon cerveau ne pourrait créer,
et pourtant, je signe mon nom.
Quand Dieu a dit « Sois »
Il a écrit ce que je répéterai dans l'existence,
alors j'attends simplement de recevoir.

Ce paradoxe est difficile à comprendre,
vous et moi ne sommes pas prophètes,
mais rien ne peut se produire en dehors du Plan de Dieu.
Il y a un mystère caché dans tout ce que nous choisissons,
puisque la miséricorde de Dieu embrasse toute chose,
y compris moi, y compris vous.
Toute inspiration et toute beauté appartiennent à Dieu Seul
alors comment puis-je m'attribuer le mérite de
ce que j'écris comme étant mien, alors que tout
ce que je reçois de Dieu est un prêt ?
Tout bien venant de moi Lui appartient.
Je respire Son amour pour expirer ces vers,
encore et encore, j'écris avec le Divin
sur mon cœur et sur mon esprit,
Et bien que mon nom soit signé,
sachez que ces mots ne sont pas les miens.

—*la tablette préservée*

DE L'OBSCURITÉ À LA LUMIÈRE

Contemplez le livre que vous êtes en train d'écrire. Que faut-il ajouter à l'histoire de votre livre avant que votre livre ne soit rendu au Créateur qui vous a donné ses pages et son encre ? Que dira l'histoire de votre vie à Celui qui a écrit que vous seriez témoin de Sa beauté en toute chose ? Chaque fois que vous respirez, les lettres de la vie trouvent leur chemin vers les pages éternelles de tablettes sacrées. Comme les étoiles répandent leur lumière sur les sombres parchemins de la nuit, chaque pas que vous faites, chaque action que vous entreprenez et chaque mot que vous prononcez est écrit par des scribes angéliques sur les pages de l'espace et du temps. Alors, si vous deviez mourir aujourd'hui, seriez-vous satisfait du livre de votre vie ?

—*échéance en attente*

Je sais que vous souffrez.

Si vous étiez à la recherche d'un signe ou d'un rappel divin
qu'Allah vous aime, que cela soit votre signe. Ayez foi.
Allah sait ce que vous traversez et Il est
avec vous à chaque pas.

DE L'OBSCURITÉ À LA LUMIÈRE

Tout comme l'eau adopte la couleur de son contenant votre vie reflète la couleur de vos intentions et vos pensées.

Adorez pendant que vous attendez que tout prenne place parfaitement.

—*Foi*

Il existe un mot qui peut changer l'ensemble de votre vie. Ce mot peut transformer votre relation avec Allah, restaurer votre espoir et accroître votre engagement dans la foi au-delà de ce que vous pouvez imaginer. Il s'agit du mot *encore*. Vous n'avez pas *encore* guéri. Vous n'êtes pas *encore* devenu le type de personne que vous voulez être. Vous n'êtes pas *encore* là où vous voulez être dans votre relation avec Allah.

Continuez à faire des efforts, continuez à marcher, continuez à rechercher Allah, et soyez sûr qu'Il est avec vous et que le meilleur est encore à venir.

نور المحبة

LA LUMIÈRE DE L'AMOUR

DE L'OBSCURITÉ À LA LUMIÈRE

Je m'assieds dans le feu de l'amour d'Allah où toute forme de distinction et de séparation se consume. Sur le chemin de la transcendance, chaque idole se brise et se casse. Je suis assise dans le feu de l'amour d'Allah où mes larmes de douleur sont des révélations de grâce. Dans cet amour, chaque cœur devient un sol fertile et chaque œil devient un nuage plein dont le chagrin de la séparation chante dans la mélodie de la pluie. A travers l'adoration, les graines de la foi viennent à la vie par le baiser de la douceur et de la lumière divines.

Je suis brisée comme le pain, je suis brisée comme la nuit dans le jour, la brisure que je porte fait éclore des fleurs des coquilles de mes limitations que l'amour de Dieu commence à briser. L'étincelle de la dévotion a provoqué des feux de forêt dans mon âme et rien ne peut respirer dans cette chaleur de surface de soleil, sauf l'amour. Rien d'autre ne peut coexister avec Celui qui n'a pas d'opposés.

Toutes les douleurs auxquelles j'ai été confrontée venaient de l'oubli de Ton Nom. J'ai passé des vies entières à me tourner vers moi-même dans la honte ou vers les autres avec des reproches à la recherche de la paix qui n'émane que de Ta Présence. Mon Seigneur, je plaide et je demande que Tu m'entoures des flammes de Ton amour jusqu'à ce que tout sauf Toi devienne cendre, jusqu'à ce que mes idoles deviennent mon passé, jusqu'à ce que mon ego se désintègre et que quelque chose de nouveau émerge d'au-delà de mes masques. Seigneur, je m'assieds dans le brasier de Ton amour et j'attise les flammes avec la brise des prières sur ma langue. Seigneur, je m'assieds dans le feu de Ton amour jusqu'à ce que tout de moi fonde et que tout ce qui reste ne soit que Ton Visage.

L'amour déconcerte l'esprit et emmêle la langue.

Le langage est un martyr de l'amour.

Comme l'ombre disparaît en présence du soleil,
en amour il ne peut y avoir deux, il ne peut y avoir qu'Un.

DE L'OBSCURITÉ À LA LUMIÈRE

Lorsque je disparais,
Tu apparais.

—*Dieu est toujours proche.*

Je suis un néant qu'Allah a façonné pour lui donner vie avec le souffle de Son amour divin et Sa miséricorde.

Comment puis-je marchander avec le Marchand de toute chose ? Je T'apporte des biens contrefaits et Tu les achètes avec de l'or. Je T'apporte mes larmes, et Tu me donnes un océan. Je T'apporte de la poussière et Tu m'offres le Jardin. Je T'apporte mon être et Tu me gratifies de Toi-même. Comment mon néant peut avoir autant de valeur ? Comment mon vide peut-il être si inestimable ?

Cette mathématique divine m'a rendue folle. Chaque cheveu sur ma tête s'est transformé en mille bourgeons de roses en fleur, chacun chantant en notes parfumées de Ton amour. Tu achètes mes zéros avec l'éternité. Tu achètes mes derniers souffles avec l'éternité. Si la justice consiste à recevoir ce que je mérite, alors Tu es au-delà de la définition même du mot. Tu m'accordes infiniment plus que ce que je ne pourrais jamais gagner. Ton amour brise toutes mes balances.

Chaque jour qui passe, je suis plus consciente que le langage humain ne peut capturer Ton éternelle générosité. Les mots sont un terreau mort, rien d'éternel ne peut pousser dans les lettres que mon esprit articule sans Ta miséricorde derrière chacune d'entre elles. Ce n'est qu'à partir de Ta parole que les univers jaillissent du jardin créé du temps. C'est seulement à partir de Tes mots que du néant, une forme prend vie. C'est seulement à partir de Ton amour que nous sommes formés.

Qu'y a-t-il à dire de Celui qui a créé la parole ? Qu'y a-t-il à donner au Créateur de toute chose, visible et invisible ? Le silence semble être la seule voie pour exprimer un mystère au-delà de ce que l'esprit peut cartographier. C'est seulement dans le silence que l'infini peut être exprimé car une fois que les mots sont employés, les possibilités infinies s'effondrent dans des formes finies, mais Tu ne peux être tenu entre les mains limitantes du langage. Je ne peux atteindre Ton essence à travers ces rimes et ces lettres, c'est dans les espaces vides entre les mots que je découvre que nous sommes ensemble.

—*au-delà de l'esprit*

Ton amour chorégraphie ma langue en des mots que je jure ne pas savoir prononcer. Ton amour fait des poèmes à partir du chaos qui est en moi. Ton amour fait de la musique à partir du silence. Que puis-je dire lorsque Ton amour me tient, langue nouée, trébuchant sur moi-même, tombant amoureuse de Toi.

—*me défaire de moi pour tomber en Toi*

Ne tombez pas amoureux du cadeau,
tombez amoureux de Celui qui l'a créé.

La lune disparaîtrait dans la nuit,
si le soleil cessait de l'embrasser de sa lumière.

—*Je suis parce-que Tu es*

DE L'OBSCURITÉ À LA LUMIÈRE

Je ne suis pas tombée amoureuse, je suis tombée à l'intérieur de Son Amour. Et maintenant, je ne peux trouver le moyen d'en sortir. J'ai perdu mes frontières, mon corps et mes mains, désormais je n'ai rien à saisir, rien à toucher. Face à l'Amour, je disparais. Le temps vit, mais je ne suis plus là. Dieu parle et j'entends, mais j'écoute sans oreilles. Dieu est vivant, mais je suis morte. Je suis une graine endormie dans le souffle d'un divin « sois » qui, un jour, déshabillera le néant et me fera naître des entrailles de l'espace vide.

Voyez-vous les cieux dans mon visage ? Voyez-vous les constellations divines gravées dans nos âmes ? Nos cœurs portent la carte du chemin retour vers le foyer sacré que nous avons quitté il y a si longtemps. Voyez-vous comment l'éternité tient le temps dans son étreinte ? Voyez-vous Dieu, comme Il est partout où je ne suis pas ? Voyez-vous le plan de Dieu, comme Il est partout où je suis ? Voyez-vous comment Dieu se reflète à l'intérieur, à l'extérieur et au-delà de l'espace, comme Il n'est pas limité par la création qu'Il a choisi de créer ? Voyez-vous comme il y a tellement plus que ce que vous pouvez voir ? Voyez-vous comme vos yeux sont aveugles pour capturer la divinité cachée sous les coutures de l'invisible ?

Nous sommes aveugles à la lumière qui nous entoure en permanence. Nous sommes des rêveurs qui ne se sont pas encore réveillés, luttant contre des voix que nous créons nous-mêmes. Les fantômes de notre passé sont façonnés par nos peurs, mais ces ombres chinoises disparaîtraient si seulement nous allumions la lumière de l'Amour. Le soleil de la Vérité se lèvera à nouveau, lavant l'obscurité de nos yeux. Avec le temps toute chose vous apparaîtra exactement telle qu'elle est, telle qu'elle sera, et telle qu'elle était. Avec le temps, vous verrez que chaque atome qui danse dans et hors du temps n'est qu'un autre visage de l'Amour.

Le monde m'a brisé le cœur, mais Dieu m'a fendu le cœur.

La différence entre ces deux déchirures est plus grande que des univers infinis d'encre ne pourraient saisir.

Lorsque Dieu fend une graine, elle s'épanouit en fleurs. Quand Dieu fend un nuage, il pleut. Lorsque Dieu fend un œuf, la vie émerge. Quand Dieu fend un cocon, la chenille reçoit des ailes.

Toutes les cassures ne sont pas les mêmes. Lorsque nous nous tournons vers Dieu avec nos cœurs brisés, il nous ouvre à des réalités qui dépassent notre imagination.

La beauté de l'existence est à couper le souffle, mais si je ne suis pas témoin de Ta Présence, elle ne me fait pas tomber à genoux. C'est l'essence de Ton amour qui illumine chaque forme que je vois. C'est la façon dont Ta miséricorde m'étreint lorsque je suis dans le besoin. C'est la façon dont Ta Présence répare mon cœur quand il a désespérément besoin de paix. C'est la façon dont Ta bonté s'entremêle à chaque mot que Tu prononces. C'est la façon dont Ta patience est sans fin pour les pécheurs comme moi. C'est l'amour que Tu donnes quand je n'en mérite pas une seule goutte, qui me fait tomber à genoux, et déclarer, Tu es Dieu, le plus généreux.

Vous êtes un poème fait d'os et de poussières d'étoile, plutôt que de mots. Votre sang est l'encre qui peint les pages d'argile d'un livre ancien qui ne peut être lu. Votre cœur porte l'âme de l'amour que recherche toute plume de poète, une mélodie de mystère que le langage ne parvient pas à capturer.

—*vous êtes la parole vivante de Dieu*

Je ne peux détourner mon cœur de Toi.

Je me noie dans un océan intérieur de Son amour.
Un endroit où seuls ceux qui meurent peuvent nager.
Je meurs à moi-même comme un serpent se débarrasse de sa peau.
Je nais encore et encore juste pour me
noyer dans l'océan intérieur de Son amour.
Seuls ceux qui meurent peuvent nager,
alors je meurs mille fois en Lui.

—*mourez avant de mourir*

DE L'OBSCURITÉ À LA LUMIÈRE

Tout comme la boussole est déplacée par les pôles de la Terre, l'amour du Divin attire mon âme. Dieu m'attire comme la gravité, alors que je suis soulevée vers le ciel sans ficelles ni échelles car l'amour défie les yeux.

L'amour transforme chaque tombe en jardin. Le baiser de lumière divine fait tout fleurir. La mort du moi inférieur est l'engrais de la vie, comme l'obscurité est la toile de la lumière. La mort n'est pas une fin, mais un nouveau visage d'un nouveau départ que le temps ne peut poursuivre. L'éternité se trouve sous le voile de notre dernière expiration. Lorsque le bateau de l'esprit met les voiles vers l'océan de l'inconnu, nous récoltons tout l'amour que nous avons autrefois semé. Nous sommes dévoilés de nos corps et incarnons une seule âme. Les justes se tiennent devant les rivières de lait et de miel, vêtus de soie et d'or.

En se défaisant de tout ce que nous ne sommes pas, nos esprits se dissolvent comme la neige dans la lumière de Dieu. Nous sommes enfin ici, dans l'éternel où le temps n'a pas d'emprise. Nous sommes enfin ici, où le cœur trouve le repos et l'âme vit dans une paix éternelle.

—*Jannah*

Dieu est toujours avec vous et de toutes les manières.

Je pouvais sentir la terre me retenir tandis que je marchais, appelant mon corps vers la même terre qui m'avait autrefois formée. Les branches des arbres se balançaient en me protégeant de la chaleur du soleil. Le sol embrassait mes pieds à chaque pas. La brise parfumée m'étreignait à chaque respiration.

C'est ainsi que la nature me montre qu'elle m'aime.

La nature me maternait. Mère Nature est un ventre dans lequel je suis née de ma mère dont le corps était le sol pour les graines que Dieu a fait naître par Sa parole. Les nuages pleurent pour moi et la terre me répond avec des roses qui fleurissent. Le soleil plonge dans la mer et laisse derrière lui un morceau de lui-même pour moi dans la lune reflétée. Tout ce que je vois est une façon dont Dieu me parle. Rien n'est vide de Lui. Il se reflète dans les étoiles les plus lointaines éparpillées dans le ciel nocturne. Son amour se reflète depuis les extrémités de l'horizon jusqu'aux univers qui tourbillonnent profondément en moi.

—*Il est toujours avec vous*

Soyez avec quelqu'un qui est bon pour votre santé spirituelle. Une personne qui ne vous fait pas seulement tomber amoureux d'elle, mais vous inspire à tomber continuellement amoureux de Lui.

DE L'OBSCURITÉ À LA LUMIÈRE

Dieu vous aime, même s'ils ne vous apprécient pas.

La lumière divine pose son regard sur moi, et sa lumière me déploie comme une fleur, une prière, un amant. Elle m'aime à la folie. Elle m'aime jusqu'à la mort. Je meurs dans les bras de la lumière et ses rayons m'emmènent à l'origine de toute Lumière. Mes ombres ne peuvent exister dans sa Présence rayonnante. La lumière ne fait pas de place aux ténèbres.

Tout ce que je suis se dissout. Je ne peux pas parler. Je ne peux pas entendre. Je ne peux pas voir. Parce qu'ici, dans l'unité, j'ai dû me défaire de moi-même pour entrer à l'intérieur. Mais je ressens plus Dieu dans cette mort que lorsque je vivais dans un rêve que j'appelais éveil. La mort... c'est la chose que je fuis pour mieux la rencontrer. Dieu ne nous a pas punis avec la mort, elle est la récompense qu'Il nous offre. C'est votre ticket de retour à la maison, mais vous ne pouvez pas la forcer, tout comme vous ne pouvez pas forcer les saisons à arriver avant leur temps. La graine doit être plantée quand Dieu le décide. C'est dans la mort de la graine que l'arbre peut s'élever.

Abandonnez-vous au timing de Dieu.

Écoutez le printemps du Paradis chanter combien il est fructueux de laisser derrière soi les limites du temps humain mortel et de faire confiance au Divin éternel. Vous ne pouvez atteindre Dieu qu'avec Dieu. Aucun véhicule d'argile et de terre ne peut atteindre Celui qui n'a pas de forme. Son amour a regardé la montagne de Moïse et elle s'est transformée en sable car comment cette chaîne pourrait-elle porter l'amour éternel dans ses mains de pierre ? Si vous voulez connaître Dieu, vous devez renoncer à votre esprit car l'esprit voit le monde à travers des opposés, mais Dieu est Un. Pour connaître Dieu, vous devez renoncer à votre vérité pour recevoir Sa Vérité.

Le prix de la connaissance de Dieu, c'est vous.

DE L'OBSCURITÉ À LA LUMIÈRE

Tu es tout ce que je vois et tout ce à quoi je suis aveugle,
de l'est à l'ouest, où que je regarde, je ne trouve que Toi.

—*Allah*

L'amour est la présence débordante de Dieu
qui éveille l'existence à être.

C'est l'amour qui nous a amenés ici.
C'est l'amour qui nous soutient et nous étreint ici.

C'est l'amour qui nous ramènera à la maison.
De l'amour nous sommes venus et à l'amour nous
retournerons.

DE L'OBSCURITÉ À LA LUMIÈRE

Notre voyage sur Terre n'est pas seulement vers Dieu,
il est de Dieu, avec Dieu et en direction de l'amour de Dieu.

Vos défauts ne seront jamais plus grands que l'amour de Dieu.

DE L'OBSCURITÉ À LA LUMIÈRE

Vous regarder rechercher l'Amour est semblable à observer un poisson rechercher l'eau dans laquelle il vit déjà.

—*omniprésence*

Si une quelconque partie de votre cœur est fermée à l'acceptation de Sa création, alors votre cœur ne peut être pleinement ouvert au Créateur

Je brûle d'un amour intérieur pour le Divin comme si j'étais le soleil en fusion. Les feux de ce monde sont semblables à une brise froide quand je suis avec l'Unique.

Vous n'êtes pas défini par ce que vous traversez.
Dans vos moments les plus profonds de douleur et de solitude,
l'amour de Dieu vous étreint.

DE L'OBSCURITÉ À LA LUMIÈRE

Vous ne pouvez échapper à l'amour qu'Allah a pour vous.

Comment le Dieu dont l'amour fait virevolter chaque atome avec la vie à l'intérieur de vous peut-Il ne pas savoir intimement ce que vous ressentez ? Dieu voit votre tristesse et Il tient votre cœur avec douceur et une délicate miséricorde.

Dieu voit les parties de vous-même que vous luttez pour cacher. Dieu vous voit de l'intérieur, de l'extérieur, et au-delà du temps. Dieu embrasse votre solitude, marche aux côtés de votre chagrin et guérit les parties de votre cœur que vous pensiez ne plus jamais pouvoir être entières.

Lorsque tous les autres partent, Dieu reste. Lorsque personne d'autre ne remarque les fardeaux cachés de honte et de regret que vous portez, Dieu vous voit. Il vous aime car Sa miséricorde pardonne tous les péchés. Il est avec vous même lorsque vous n'êtes pas avec Lui.

Je ne sais pas ce que le prochain chapitre me réserve, mais je sais qu'il a été écrit avec amour par le plus grand Auteur qu'il n'y aura jamais et qu'il n'y a jamais eu.

—*Allah*

A propos de l'auteure

A. HELWA croit que chaque personne sur cette Terre est profondément aimée par le Divin. Elle est l'auteure du Bestseller international *Les Secrets de l'amour divin: voyage spirituel au cœur de l'islam;* actuellement disponible en français, en anglais, en allemand, en arabe et en turc. Pour en savoir plus sur son travail et la manière d'approcher le Divin à travers l'amour, rendez-vous en ligne sur @a.helwa_ ou www.authorahelwa.com.

Quelques derniers mots

N'oubliez pas que nous sommes nés dans le ventre des étoiles. Nous sommes faits de lumière céleste et de terre. Nous mangeons le soleil. Nous respirons le souffle des arbres. Nos souffles se mêlent aux feuilles, les uns aux autres, aux marées des mers qui se balancent. Nous portons des océans en nous et des galaxies naissent chaque fois que Dieu parle par Son décret. Nous faisons partie du vent qui soulève les ailes des oiseaux et des abeilles. Nous ne sommes ni ici ni là. Grâce à ces souffles divins, nous voyageons partout. Nous ne sommes pas statiques. Notre souffle joue une mélodie toujours changeante à travers l'instrument qu'est notre corps. À chaque instant, nous sommes une nouvelle chanson. Nous changeons en permanence. Nous ne pouvons pas être maintenus dans une forme ou un sentiment que le temps nous vole sans cesse. Nous sommes impermanents.

Si je dis que ces mains sont moi, j'ai menti, car si vous prenez mes mains, je suis toujours moi à l'intérieur. Si je dis que ces pieds sont moi, j'ai menti, car si vous prenez mes jambes, je suis toujours moi. Ce corps que je vois dans le miroir n'est qu'un véhicule, une toile qui contient la peinture du chef-d'œuvre de Dieu qu'est la vie. Les nuages n'appartiennent pas au ciel. Les étoiles n'appartiennent pas à la nuit. Le soleil n'appartient pas à l'horizon sur lequel il se lève. Tout ce que nous voyons ne fait que passer, alors pourquoi serait-ce différent pour moi ou pour vous ?